1 アルファベットの順番になるように，┈┈┈ に大文字を書きましょう。(50点) 1つ5

A ➡ B ➡ (1) _____ ➡ D ➡ (2) _____ ➡ F

➡ (3) _____ ➡ H ➡ (4) _____ ➡ J ➡ K

➡ L ➡ (5) _____ ➡ (6) _____ ➡ O ➡ P

➡ (7) _____ ➡ R ➡ (8) _____ ➡ T ➡ U

➡ V ➡ (9) _____ ➡ X ➡ Y ➡ (10) _____

2 まちがったアルファベットを5つ見つけて○で囲み，それぞれ ┈┈┈ に正しく書きましょう。(50点) 1つ10

Я B K Ƨ D F ᒐ C И P E Z ⌐

┈┈┈┈ ┈┈┈┈ ┈┈┈┈ ┈┈┈┈ ┈┈┈┈

逆になっているアルファベットはどれかな？

1

答えは65ページ

アルファベットの 練習 ② （大文字）

1 アルファベットの順番になるように，⁝⁝⁝ に大文字を 書きましょう。（40点）1つ10

(1) D ➡ _____ ➡ _____ ➡ G

(2) _____ ➡ M ➡ _____ ➡ O

(3) Q ➡ _____ ➡ S ➡ _____

(4) _____ ➡ V ➡ _____ ➡ X

2 アルファベットの順番にならべかえて，⁝⁝⁝ に書きま しょう。（60点）1つ20

(1) E H D F I G

_____

(2) L P M K N O

_____

(3) X T V Y W U

_____

Aから順に声を出しながら，順番をならべかえてみよう。

アルファベットの
練習 ③（小文字）

1 次のアルファベットの大文字に対する小文字を線で結びましょう。(50点) 1つ10

R　　H　　A　　L　　Y

h　　y　　l　　r　　a

2 次のアルファベットの大文字に対する小文字を，▢ から選んで ‥‥ に書きましょう。(50点) 1つ10

(1) B ＿＿＿＿＿

(2) D ＿＿＿＿＿

(3) P ＿＿＿＿＿

(4) Q ＿＿＿＿＿

(5) I ＿＿＿＿＿

p　d　q　b　i

BとD，PとQの小文字の向きのちがいに注意しよう。

3

答えは65ページ ☞

アルファベットの 練習 ④ （小文字）

1 アルファベットの順番になるように，┈┈┈┈ に小文字を 書きましょう。(40点) 1つ 10

(1) e ➡ _____ ➡ g ➡ _____

(2) _____ ➡ k ➡ l ➡ _____

(3) _____ ➡ t ➡ _____ ➡ v

4 線のどの位置に書くかを注意して書こう。

(4) w ➡ _____ ➡ _____ ➡ z

2 次の大文字で書かれた単語を，それぞれ小文字に直して 書きましょう。(60点) 1つ 20

(1) DOG

_____

(2) PENCIL

_____

(3) RACKET

_____

答えは65ページ ☞

単　語　① （色）

1 絵に合う単語になるように，☐ からアルファベット
を選んで ⁝⁝⁝ に書きましょう。（60点）1つ20

(1) （赤）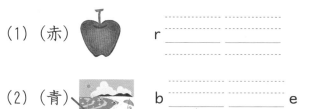
r _____ _____

(2) （青）
b _____ _____ e

l e i
d u h

(3) （白）
w _____ _____ te

2 次の色をまぜたら何色になるでしょうか。それぞれの
色に合う単語を ⁝⁝⁝ に書きましょう。（40点）1つ20

(1)

(2)

答えは66ページ

単 語 ② （食べ物）

1 絵に合う単語になるように，（1）から（4）にあてはまる
アルファベットの小文字を ┈┈ に書きましょう。

（40点） 1つ10

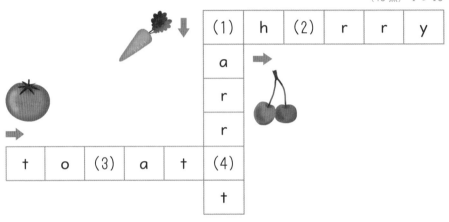

(1)	h	(2)	r	r	y
a
r
r

t	o	(3)	a	t	(4)
t

(1) _____ (2) _____ (3) _____ (4) _____

2 絵に合う単語を ┈┈ に書きましょう。うすい文字はな
ぞりましょう。（60点） 1つ20

(1)

_____
__e_____

(2)

_____
__or_____

(3)

_____
__on_____

うすい文字をな
ぞって，その続き
を書こう。

答えは66ページ ☞

単 語 ③ （動物）

1 下の単語はしりとりになっています。絵をヒントにして，●と▲に入るアルファベットの小文字を ╌╌╌ に書きましょう。（40点）1つ20

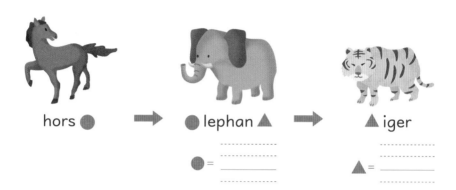

hors ●　　➡　　● lephan ▲　　➡　　▲ iger

● = ╌╌╌╌╌

▲ = ╌╌╌╌╌

2 （ ）のアルファベットをならべかえて，絵に合う単語を ╌╌╌ に書きましょう。（60点）1つ20

(1)　（erba）

(2)　（btaibr）

それぞれの
動物を英語
で何と言う
かな？

(3)　（koyemn）

答えは66ページ

1 絵に合うスポーツを表す単語を線で結びましょう。

（40点）1つ10

(1)

(2)

(3)

(4)

swimming　　　volleyball　　　baseball　　　badminton

2 （　）のアルファベットをならべかえて，絵に合う単語を ═══ に書きましょう。（60点）1つ20

(1) 　(seintn)

(2) 　(crscoe)

(3) 　(ekstbbaall)

重なる語に注意しよう。「ボール」は英語でballと書くよ。

I'm Yuna.
（わたしはユナです。）

1 日本文に合う英文になるように，□ から単語を選んで ══ に書きましょう。（60点）1つ15

（1） わたしはミカです。　_____ Mika.

（2） ぼくの名前はリクです。

My _____ is Riku.

（3） わたしはネコが好きです。

I _____ cats.

（4） わたしはピンクが好きではありません。

I _____ like pink.

> name
> like
> don't
> I'm

2 カナの好きなスポーツと嫌いなスポーツについて話す英文を ══ に書きましょう。（40点）1つ20

わたしはテニスが好きです。

（1） I _____ .

わたしはサッカーが好きではありません。

（2） I _____ .

答えは67ページ☞

What color do you like?
（あなたは何色が好きですか。）

月　　日

得点

点／合格 80点

1 日本文に合う英文になるように，はじめの単語をなぞり，それに続く単語を □ から選んで ═══ に書きましょう。（60点）1つ20

(1) あなたは何色が好きですか。

_____What_____ _____ do you like?

(2) あなたは何の動物が好きですか。

_____What_____ _____ do you like?

sport

color

animal

(3) あなたは何のスポーツが好きですか。

_____What_____ _____ do you like?

2 2人の会話が成り立つように，═══ に単語を1つずつ書きましょう。（40点）1つ20

(1) あなたは何の食べ物が好きですか。

_____ food do you _____ ?

(2) ぼくはリンゴが好きです。

_____ apples.

答えは67ページ

I want a pencil.
（わたしはえんぴつがほしいです。）

1 日本文に合う英文を下の ◯◯ から選んで，その記号を書きましょう。（40点）1つ10

(1) わたしはえんぴつがほしいです。　　　　[　　]

(2) わたしはイヌが好きです。　　　　　　　[　　]

(3) わたしはテニスが好きです。　　　　　　[　　]

(4) わたしは青いカバンがほしいです。　　　[　　]

> ア　I like dogs.　　　イ　I want a blue bag.
> ウ　I want a pencil.　エ　I like tennis.

2 日本文に合う英文になるように，＝＝ に単語を1つずつ書きましょう。（60点）1つ20

(1) わたしはラケットがほしいです。

　　――――――――― ――――――――― a racket.

(2) わたしはウサギが好きです。

　　――――――――― ――――――――― rabbits.

> aは「1つの，1ぴきの」という意味だよ。ふつう，日本語には訳さないんだ。

(3) わたしは自転車がほしいです。

　　――――――――― ――――――――― a bicycle.

答えは67ページ

単 語 ⑤（月）

1 1月から12月までが順番にならぶように，□□□ から
単語を選んで ┈┈┈ に書きましょう。(80点) 1つ10

January ―(1) ＿＿＿＿＿＿ ―(2) ＿＿＿＿＿＿

― April ―(3) ＿＿＿＿＿＿ ―(4) ＿＿＿＿＿＿

―(5) ＿＿＿＿＿＿ ― August ―(6) ＿＿＿＿＿＿

―(7) ＿＿＿＿＿＿ ―(8) ＿＿＿＿＿＿ ― December

| October | March | June | September |
| November | May | July | February |

2 （　）のアルファベットをならべかえて，月を表す単語
を ┈┈┈ に書き，[　] に何月か数字で書きましょう。

(20点) 1つ10

(1) （sutuAg）

＿＿＿＿＿＿

[　　月]

(2) （mcbeeeDr）

＿＿＿＿＿＿

[　　月]

答えは68ページ ☞

単　語　⑥（季節・序数）

1 それぞれの季節を表す単語を線で結びましょう。

（40点）1つ10

（1）春　　（2）夏　　（3）秋　　（4）冬

winter　　　spring　　　autumn　　　summer

2 次のカレンダーの日にちを表す単語を，▢▢▢から選んで▨▨▨に書きましょう。（60点）1つ20

（1） January

（2） March

（3） October

third　first　twentieth

答えは68ページ

1 絵に合う行事を表す語句を線で結びましょう。

(40点) 1つ10

(1) 　　　　•

　　　　　　　　　　　　　　　•　New Year's Day

(2) 　　　　•

　　　　　　　　　　　　　　　•　Doll's Festival

(3) 　　　　•

　　　　　　　　　　　　　　　•　Children's Day

(4) 　　　　•

　　　　　　　　　　　　　　　•　New Year's Eve

2 日本語に合う単語を，┌┈┐から選んで ═══ に書きましょう。(60点) 1つ20

(1) 1月 _____

(2) 6月 _____

(3) 12月 _____

┌┈┈┈┈┈┈┈┈┈┈┈┈┈┈┈┈┈┐
　December　January　June
└┈┈┈┈┈┈┈┈┈┈┈┈┈┈┈┈┈┘

14

答えは68ページ

いろいろな表現 ①

1 2人の会話に適する英語の表現を，[　]から選んで[　]に記号を書きましょう。(40点) 1つ10

メグ　　タク

タク：(1) これをきみに。　　　[　　]
　　　(2) はい，どうぞ。　　　[　　]
メグ：(3) ありがとう。　　　　[　　]
タク：(4) どういたしまして。[　　]

ア　Here you are.　　イ　You're welcome.
ウ　This is for you.　　エ　Thank you.

2 日本文に合う英文になるように，[　]から単語を選んで ＿＿ に書きましょう。(60点) 1つ20

(1) はい，どうぞ。

＿＿＿＿＿＿＿＿＿＿ you are.

(2) ありがとう。

＿＿＿＿＿＿＿＿＿＿ you.

welcome
Thank
Here

(3) どういたしまして。

You're ＿＿＿＿＿＿＿＿＿ .

When is your birthday?
（あなたのたん生日はいつですか。）

1 2人の会話に適する英語の表現を，□□□ から選んで[　]に記号を書きましょう。(40点) 1つ10

（1）あなたのたん生日はいつですか。　[　　]

（2）ぼくのたん生日は7月7日です。[　　]
（3）あなたはどうですか。　　　　　[　　]

（4）わたしのたん生日は9月7日です。[　　]

ア　How about you?　　イ　When is your birthday?
ウ　My birthday is September 7th.
エ　My birthday is July 7th.

2 日本文に合う英文になるように，□□□ に単語を1つずつ書きましょう。(60点) 1つ30

（1）あなたのたん生日はいつですか。

文の最初は
大文字だったね！

_____ is _____ birthday?

（2）わたしのたん生日は5月20日です。

_____ birthday _____ May 20th.

答えは69ページ

Do you like tennis?
（あなたはテニスが好きですか。）

月　　日

得点

点／合格 80点

1 日本文に合う英文になるように， ～～～ に単語を１つずつ書きましょう。（60点）1つ20

（1）あなたは赤色が好きですか。

_____ you _____ red?

（2）わたしはサッカーが好きです。

_____ _____ soccer.

（3）わたしはニンジンが好きではありません。

I _____ _____ carrots.

2 次の質問に答える文になるように， ～～～ に単語を１つずつ書きましょう。（40点）1つ20

Do you like baseball?

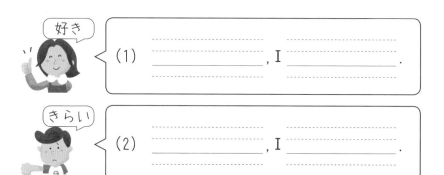

好き

（1）_____, I _____.

きらい

（2）_____, I _____.

答えは69ページ

Do you want a pen?
（あなたはペンがほしいですか。）

月　　日

得点

点 ／ 合格 80点

---

1 日本文に合う英文になるように，[　]から語句を選んで ===== に書きましょう。（60点）1つ20

(1) あなたは新しいボールがほしいですか。

　　　　　　　　　　　　　　　　　　 want a new ball?

(2) あなたは何がほしいですか。

　　　　　　　　　　　　　　　　　　 you want?

What do
Do you
I want

(3) わたしはネコがほしいです。

　　　　　　　　　　　　　　　　　　 a cat.

---

2 2人の会話が成り立つように，===== に単語を1つずつ書きましょう。（40点）1つ20

(1) たん生日に何がほしいですか。

　　　　　　　　do you 　　　　　　　 for your birthday?

(2) 新しい自転車がほしいです。

　　　　　　　　　　　　　　　　　　 a new

bicycle.

答えは69ページ ☞

ブラッシュアップ！ ①

1 日本文に合う英文になるように，======　に単語を１つずつ書きましょう。(60点) 1つ20

(1) わたしはミキです。

I _____ Miki.

(2) わたしはリンゴを１つほしいです。

I _____ an apple.

「いつ」とたずねるときは，何の単語を使うんだったかな。

(3) あなたのたん生日はいつですか。

_____ _____ your birthday?

2 2人の会話が成り立つように，======　に英語を書きましょう。(40点) 1つ20

(1) あなたはテニスが好きですか。

(2) いいえ。わたしはテニスが好きではありません。

(1) _____tennis?

(2) No. _____

答えは70ページ ☞

チャレンジテスト ①

1 次の（　）に入れるのに最も適切なものの番号を１つ選びましょう。(60点) 1つ20

(1) A: What food do you want?

　　B: I want (　　　).

　　　1 soccer　2 white　3 tennis　4 pizza

(2) A: What (　　　) do you like?

　　B: I like red.

　　　1 animal　2 color　3 sport　4 dog

(3) A: Do you like blue?

　　B: Yes, I (　　　).

　　　1 am　2 is　3 do　4 don't

2 次の日本文の意味を表すように単語をならべかえたとき，１番目と３番目にくるものの最も適切な組み合わせの番号を１つ選びましょう。ただし，文のはじめにくる語も小文字で書いています。(40点) 1つ20

(1) あなたは何がほしいですか。

　　（① do　② want　③ what　④ you）？

　　　1 ③-④　2 ①-④　3 ①-③　4 ③-②

(2) あなたのたん生日はいつですか。

　　（① your　② when　③ birthday　④ is）？

　　　1 ①-④　2 ②-③　3 ②-①　4 ④-③

答えは70ページ

単 語 ⑧ （教科）

1 下の時間わり表のそれぞれの教科を表す語句を，[　]から選んで[　]に記号を書きましょう。(60点) 1つ10

明日の時間わり	
１時間目	国　語 [　　]
２時間目	理　科 [　　]
３時間目	音　楽 [　　]
４時間目	体　育 [　　]
５時間目	社　会 [　　]
６時間目	図　工 [　　]

ア　science
イ　music
ウ　social studies
エ　Japanese
オ　P.E.
カ　arts and crafts

2 絵に合う教科を表す単語を＿＿に書きましょう。はじめの文字はなぞりましょう。(40点) 1つ20

(1)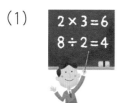
$2 \times 3 = 6$
$8 \div 2 = 4$

m＿＿＿＿＿＿＿＿

(2)
ケイト
ホワイト
Kate White

E＿＿＿＿＿＿＿＿

(1)は 4 文字，(2) は 7 文字で表される単語だよ。

答えは70ページ ☞

単 語 ⑨ (職業)

1 絵に合う職業を表す語句を線で結びましょう。

(40点) 1つ10

(1)　　　　　　(2)　　　　　　(3)　　　　　　(4)

fire fighter　　　vet　　　soccer player　police officer

2 (　)のアルファベットをならべかえて, 絵に合う単語を＿＿に書きましょう。(60点) 1つ20

(1) 　　(eatchre)

＿＿＿＿＿＿＿＿＿＿＿＿＿＿＿

(2) 　　(tosirfl)

＿＿＿＿＿＿＿＿＿＿＿＿＿＿＿

(3) 　　(tocodr)

＿＿＿＿＿＿＿＿＿＿＿＿＿＿＿

全て職業を表す
単語になるよ。
それぞれ英語で
何と言うかな。

答えは70ページ

Do you have music on Monday?
（あなたは月曜日に音楽がありますか。）

得点

月　日

点／合格80点

---

1 日本文に合う英文になるように，＿＿＿に教科を表す単語を，＿＿＿に曜日を表す単語を　　　から選んで書きましょう。(40点) 1つ20

(1) あなたは水曜日に理科がありますか。

Do you have ＿＿＿＿＿＿＿＿＿＿ on ＿＿＿＿＿＿＿＿＿＿ ?

(2) あなたは木曜日に国語がありますか。

Do you have ＿＿＿＿＿＿＿＿＿＿ on ＿＿＿＿＿＿＿＿＿＿ ?

Japanese　science　Wednesday　Thursday

2 次の質問に答える文になるように，＿＿＿に単語を1つずつ書きましょう。(60点) 1つ30

曜日	時間わり
月曜日	1 国語 2 算数 3 体育 4 音楽 5 社会 6 家庭科
火曜日	1 英語 2 国語 3 社会 4 理科 5 算数 6 図工

(1) Do you have P.E. on Monday?

— ＿＿＿＿＿＿＿, I ＿＿＿＿＿＿＿ .

(2) Do you have home economics on Tuesday?

— ＿＿＿＿＿＿＿, I ＿＿＿＿＿＿＿ .

答えは71ページ ☞

What do you have on Monday?
（あなたは月曜日に何がありますか。）

得点

月　　日

点／合格 80点

1 日本文に合う英文になるように，□□から語句を選んで＿＿に書きましょう。(60点) 1つ20

(1) あなたは火曜日に何がありますか。

＿＿＿＿＿＿＿＿＿＿＿ you have on Tuesday?

(2) わたしは水曜日に英語があります。

I ＿＿＿＿＿＿＿＿＿＿＿ on Wednesday.

(3) わたしは金曜日に算数を勉強します。

I ＿＿＿＿＿＿＿＿＿＿＿ on Friday.

What do　study math　have English

2 2人の会話が成り立つように，＿＿に単語を1つずつ書きましょう。(40点) 1つ20

(1) あなたは日曜日に何を勉強しますか。

＿＿＿＿＿＿＿ do you ＿＿＿＿＿＿＿

on Sunday?

(2) わたしは国語を勉強します。

I ＿＿＿＿＿＿＿ ＿＿＿＿＿＿＿.

答えは71ページ☞

I want to be a teacher.
（わたしは先生になりたいです。）

月　　日

得点

点／合格 80点

---

1 日本文に合う英文になるように，□□から単語を選んで＿に１つずつ書きましょう。(40点) 1つ20

（1）わたしは花屋さんになりたいです。

I ＿＿＿＿＿＿＿＿＿ to be a ＿＿＿＿＿＿＿＿＿.

（2）わたしはじゅう医になりたいです。

I want to ＿＿＿＿＿＿＿＿＿ a ＿＿＿＿＿＿＿＿＿.

> be　want　florist　vet

---

2 2人の会話が成り立つように，＿に単語を1つずつ書きましょう。(60点) 1つ30

（1）土曜日に理科を勉強したい？

＿＿＿＿＿＿＿ ＿＿＿＿＿＿＿ ＿＿＿＿＿＿＿
＿＿＿＿＿＿＿ study science on Saturday?

（2）いいえ。わたしは英語を勉強したいわ。
No. ＿＿＿＿＿＿＿ ＿＿＿＿＿＿＿
＿＿＿＿＿＿＿ study English.

答えは71ページ ☞

単　語 ⑩（ひん度）

1 ひん度を表す単語を下の□□□から選んで [　] に記号を
書きましょう。（40点）1つ10

ひん度			月	火	水	木	金	土	日
いつも	[	]	○	○	○	○	○	○	○
ふつう	[	]	○	○	×	○	○	×	○
ときどき	[	]	○	×	×	○	×	×	○
決して (し) ない	[	]	×	×	×	×	×	×	×

○＝する，×＝しない

ア　usually　イ　never　ウ　always　エ　sometimes

2 下の文を読んで，次の事をするひん度を表す単語を，
□□□から選んで＿＿に書きましょう。（60点）1つ20

> ぼくはいつも妹といっしょに学校に行きます。
> ぼくはふつう学校で6時間勉強します。
> ぼくは決して宿題をわすれません。

(1) 妹といっしょに学校に行くひん度　＿＿＿＿＿＿＿＿＿

(2) 学校で6時間勉強するひん度　＿＿＿＿＿＿＿＿＿

(3) 宿題をわすれるひん度　＿＿＿＿＿＿＿＿＿

usually　never　always

答えは71ページ ☞

いろいろな表現 ②

月　日

得点

点／合格 80点

1 お手伝いの内容を表す語句を [　] から選んで [　] に記号を書きましょう。(40点) 1つ10

名　前	お手伝いの内容	記　号
ミ ク	新聞を取って来る	(1) [　　]
コウタ	お皿をあらう	(2) [　　]
メ グ	部屋をそうじする	(3) [　　]
ジョン	食事の準備をする	(4) [　　]

ア　clean the room　　イ　wash the dishes
ウ　set the table　　エ　get the newspaper

2 次の絵の状きょうのとき，あなたならどんなお手伝いをしますか。[　] から語句を選んで___に書きましょう。(60点) 1つ20

(1)
I _____.

(2)
I _____.

(3)
I _____.

walk the dog　wash the dishes　clean the room

答えは71ページ

What time is it?
（何時ですか。）

月　　日

得点

点／合格 **80**点

---

1 ☐☐☐から単語を選んで＿＿に１つずつ書き，それぞれの時こくを表しましょう。（60点）１つ20

(1) _____ _____

(2) _____ _____

(3) _____ _____

six
eight
fifty
thirty
eleven
fifteen

2 ２人の会話が成り立つように，＿＿に単語を１つずつ書きましょう。（40点）１つ20

(1) 何時ですか。

＿＿＿＿＿＿＿＿ ＿＿＿＿＿＿＿＿ is it?

「時間」は英語でtimeだよ。

(2) ９時20分です。

＿＿＿＿＿＿＿＿ ＿＿＿＿＿＿＿＿ twenty.

答えは72ページ ☞

1 ミクの一日について表す英文になるように，□□□から
語句を選んで___に書きましょう。（60点）1つ20

【ミクの一日】

6:00	7:00	7:40	12:00	4:00	7:00	8:00	9:00
起床	朝食	登校	昼食	帰宅	夕食	風呂	就寝

ミク

(1) I _____ at six.

(2) I _____ at four.

(3) I _____ at eight.

go home　get up　take a bath

〈at＋時こく〉で
「〜時に」という
意味だよ。

2 日本文に合う英文になるように，___に単語を１つず
つ書きましょう。（40点）1つ20

(1) あなたは何時に起きますか。

_____ _____ do you get up?

(2) わたしはふつう6時に起きます。

I usually get _____ _____ six.

答えは72ページ

1 日本文に合う英文になるように，[　　]から語句を選んで___に書きましょう。(60点) 1つ20

(1) わたしはいつも新聞を取って来ます。

I _____ the newspaper.

(2) わたしはふつう食事の準備をします。

I _____ the table.

(3) わたしはときどきお皿をあらいます。

I _____ the dishes.

> usually set　sometimes wash　always get

2 トムのお手伝いについての英文になるように，___に単語を1つずつ書きましょう。(40点) 1つ20

【トムのお手伝い】	・毎日すること：イヌの散歩
	・ふだんすること：お皿あらい
	・ときどきすること：部屋のそうじ

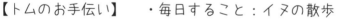

(1) I _____ _____ the dog.

(2) I _____ _____ the room.

答えは72ページ☞

ブラッシュアップ！ ②

1 日本文に合う英文になるように，____に単語を１つず
つ書きましょう。（60点）1つ20

(1) あなたは木曜日に何を勉強しますか。

_____ do you _____ on Thursday?

(2) わたしはいつも部屋をそうじします。

I _____ _____ my room.

(3) 何時ですか。

_____ _____ is it?

2 次の質問に対して，「はい」または「いいえ」で答える
文になるように，____に単語を１つずつ書きましょう。

（40点）1つ20

(1) Do you want a new pen?

Yes, I _____ .

(2) Do you want to be a doctor?

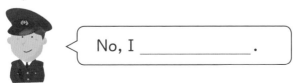

No, I _____ .

答えは72ページ

チャレンジテスト ②

1 次の（　）に入れるのに最も適切なものの番号を１つ選びましょう。(60点) 1つ20

(1) A: What do you study on Friday?

B: I study (　　　).

1 a teacher　2 blue　3 science　4 a dog

(2) A: What (　　　) is it?

B: It's three.

1 food　2 time　3 animal　4 music

(3) A: Do you want to (　　　) a police officer?

B: Yes, I do.

1 be　2 eat　3 do　4 have

2 次の日本文の意味を表すように単語をならべかえたとき，１番目と３番目にくるものの最も適切な組み合わせの番号を１つ選びましょう。ただし，文のはじめにくる語も小文字で書いています。(40点) 1つ20

(1) あなたは何時に家に帰りますか。

(① you　② what　③ do　④ time) go home?

1 ③-④　2 ①-④　3 ②-③　4 ②-①

(2) わたしはふつうお皿をあらいます。

I (① the　② wash　③ usually　④ dishes).

1 ③-①　2 ②-①　3 ②-④　4 ④-②

答えは72ページ☞

まとめテスト ①

1 日本文に合う英文になるように，＿＿に単語を１つずつ書きましょう。(60点) 1つ20

(1) わたしは算数を勉強したいです。

I ＿＿＿＿＿＿ to ＿＿＿＿＿＿ math.

(2) わたしはトマトが好きではありません。

I ＿＿＿＿＿＿ ＿＿＿＿＿＿ tomatoes.

(3) あなたは何時に昼食を食べますか。

＿＿＿＿＿＿ ＿＿＿＿＿＿ do you eat lunch?

2 次の２つの内容をたずねる文になるように，＿＿に単語を１つずつ書きましょう。(40点) 1つ20

> (1) 相手のたん生日を聞く。
> (2) たん生日に何がほしいかを聞く。

(1) ＿＿＿＿＿＿ ＿＿＿＿＿＿ your birthday?

(2) ＿＿＿＿＿＿ ＿＿＿＿＿＿ you ＿＿＿＿＿＿ for your birthday?

答えは73ページ ☞

チャレンジテスト ③

1 次の（　）に入れるのに最も適切なものの番号を１つ選びましょう。(60点) 1つ20

(1) A: What time is it?

B: It's (　　　).

1 Monday　2 July　3 two　4 second

(2) A: What (　　　) do you like?

B: I like elephants.

1 sport　2 animal　3 color　4 food

(3) A: Do you have music on Tuesday?

B: No, I (　　　).

1 am　2 are　3 do　4 don't

2 次の日本文の意味を表すように単語をならべかえたとき，１番目と３番目にくるものの最も適切な組み合わせの番号を１つ選びましょう。(40点) 1つ20

(1) わたしはいつも６時に起きます。

I (① get　② always　③ at　④ up) six.

1 ④-②　2 ②-④　3 ①-②　4 ②-③

(2) わたしはコーヒーが好きではありません。

(① like　② coffee　③ don't　④ I).

1 ④-①　2 ④-③　3 ①-②　4 ③-②

答えは73ページ ☞

単　語 ⑪（動作 ❶）

1 (1)から(4)の人がしていることを表す語句を □ から
選んで，[　]に記号を書きましょう。(40点) 1つ10

(1) [　　　]
(2) [　　　]
(3) [　　　]
(4) [　　　]

ア　ride a bicycle　　イ　play *kendama*
ウ　play the guitar　　エ　sing well

---

2 (　)のアルファベットをならべかえて，絵に合う動作
を表す単語を ___ に書きましょう。(60点) 1つ20

(1) 　(okco)

_____

(2) 　(mwis)

_____

それぞれの人物
は何をしている
のかな。

(3) 　(katse)

_____

答えは73ページ ☞

単　語 ⑫ （身のまわりの物）

1 絵に合う単語を線で結びましょう。（40点）1つ10

(1)

(2)

(3)

(4)

・　　　　　　・　　　　　　・　　　　　　・

・　　　　　　・　　　　　　・　　　　　　・

guitar　　　recorder　　　unicycle　　　scissors

2 ●, ▲, ■ には同じアルファベットが入ります。ヒントをたよりにして，絵に合う単語を＿＿＿に書きましょう。（60点）1つ20

（ヒント）

(1)
| p ● ▲ no |

＿＿＿＿＿＿＿＿＿＿＿＿＿＿

(2)
| w ▲ t ■ h |

＿＿＿＿＿＿＿＿＿＿＿＿＿＿

(3)
| b ● ■ y ■ le |

＿＿＿＿＿＿＿＿＿＿＿＿＿＿

答えは73ページ

Can you play the piano?
（あなたはピアノをひくことができますか。）

月　　日
得点

点 ／ 合格 80点

---

1 日本文に合う英文になるように，＿＿＿に単語を１つずつ書きましょう。（60点）1つ20

（1）あなたは高くとぶことができますか。

＿＿＿＿＿＿＿＿ you ＿＿＿＿＿＿＿＿ high?

（2）あなたは一輪車に乗ることができますか。

＿＿＿＿＿＿＿＿ you ＿＿＿＿＿＿＿＿ a unicycle?

（3）あなたは速く泳ぐことができますか。

＿＿＿＿＿＿＿＿ you ＿＿＿＿＿＿＿＿ fast?

2 次の質問にアキラはどのように答えるでしょうか。＿＿＿に単語を１つずつ書きましょう。（40点）1つ20

アキラ　得意なこと：速く走ること
苦手なこと：じょうずに歌うこと

（1）Can you run fast?

＿＿＿＿＿＿＿＿, I ＿＿＿＿＿＿＿＿.

（2）Can you sing well?

＿＿＿＿＿＿＿＿, I ＿＿＿＿＿＿＿＿.

答えは74ページ☞

1 日本文に合う英文になるように，＿＿に単語を１つずつ書きましょう。（60点）１つ20

(1) わたしはじょうずにスキーをすることができます。

I ＿＿＿＿＿＿＿＿ ＿＿＿＿＿＿＿＿ well.

(2) かれはリコーダーをふくことができます。

He ＿＿＿＿＿＿＿＿ ＿＿＿＿＿＿＿＿ the recorder.

(3) かの女はじょうずに料理することができます。

She ＿＿＿＿＿＿＿＿ ＿＿＿＿＿＿＿＿ well.

2 次の絵の２人ができることを表す文になるように，＿＿＿から単語を選んで＿＿に書きましょう。

（40点）１つ20

(1)

　　（1）ぼくは速く泳ぐことができるよ。

＿＿＿＿＿＿＿＿ can swim ＿＿＿＿＿＿＿＿.

(2)

　　（2）わたしはじょうずに歌うことができるわ。

＿＿＿＿＿＿＿＿ can sing ＿＿＿＿＿＿＿＿.

She　He　well　fast

答えは74ページ ☞

I can't play the piano.
（わたしはピアノをひくことができません。）

月　　日

得点

点／合格 80点

---

1 日本文に合う英文になるように，＿＿に単語を１つずつ書きましょう。（60点）１つ20

(1) あなたは自転車に乗ることができません。

You ＿＿＿＿＿＿＿＿ ＿＿＿＿＿＿＿＿ a bicycle.

(2) かれはじょうずにけん道をすることができません。

He ＿＿＿＿＿＿＿＿ ＿＿＿＿＿＿＿＿ *kendo* well.

(3) かの女はけん玉をすることができません。

She ＿＿＿＿＿＿＿＿ ＿＿＿＿＿＿＿＿ *kendama*.

2 次の表を見て，ケンとメグについて説明する文になるように，＿＿に単語を１つずつ書きましょう。

（40点）１つ20

名　前	できること	できないこと
ケ　ン	水　泳	歌　う
メ　グ	スケート	料　理

(1) Ken can ＿＿＿＿＿＿＿＿ .

He can't ＿＿＿＿＿＿＿＿ well.

(2) Meg can ＿＿＿＿＿＿＿＿ .

She can't ＿＿＿＿＿＿＿＿ well.

２人ができることとできないことを英語で表現しよう。

答えは74ページ

単語 ⑬ （国）

1 次の国を表す語句を線で結びましょう。(40点) 1つ10

(1) オーストラリア　(2) インド　(3) アメリカ　(4) ドイツ

Germany　　the USA　　India　　Australia

2 （　）のアルファベットをならべかえて、国を表す単語を＿＿に書きましょう。(60点) 1つ20

(1) イタリア　　（yaIlt）

＿＿＿＿＿＿＿＿＿

(2) 中国　　（nihaC）

＿＿＿＿＿＿＿＿＿

(3) ブラジル　　（irlBaz）

＿＿＿＿＿＿＿＿＿

国を表す単語は、最初の文字を大文字で書くよ。

答えは74ページ

単　語 ⑭（状態 ❶）

1 日本語に合う単語を，□から選んで＿＿に１つずつ
書きましょう。(40点) 1つ10

(1) 楽しい　　　　＿＿＿＿＿＿＿＿＿＿＿＿＿＿＿＿

(2) わくわくする　＿＿＿＿＿＿＿＿＿＿＿＿＿＿＿＿

(3) 幸せな　　　　＿＿＿＿＿＿＿＿＿＿＿＿＿＿＿＿

(4) すばらしい　　＿＿＿＿＿＿＿＿＿＿＿＿＿＿＿＿

| happy　great　exciting　fun |

2 絵に合う単語になるように，□からアルファベット
を選んで＿＿に書きましょう。(60点) 1つ20

(1) こわい
sc＿＿r＿＿

l　t　y
b　a　c
u　s

(2) おいしい
de＿＿i＿＿iou＿＿

(3) 美しい
＿＿eau＿＿if＿＿l

答えは75ページ ☞

単 語 ⑮ （動作 ❷）

1 絵に合う動作を表す単語を線で結びましょう。

(40 点) 1 つ 10

(1)  • ・ jump

(2) • ・ stand

(3) • ・ eat

(4) • ・ run

2 日本語に合う単語を，[　　]から選んで＿＿に１つずつ書きましょう。(60 点) 1 つ 20

(1) 見る　　　　＿＿＿＿＿＿＿＿＿＿

(2) おとずれる　＿＿＿＿＿＿＿＿＿＿

(3) 買う　　　　＿＿＿＿＿＿＿＿＿＿

visit　buy　see

答えは75ページ ☞

単語 ⑯ （動作 ❸）

1 日本語に合う英語表現になるように，☐から単語を選んで＿＿に1つずつ書きましょう。(40点) 1つ10

(1) 学校に行く　　　　＿＿＿＿＿＿＿＿ to school

(2) コロセウムを見る　＿＿＿＿＿＿＿＿ Colosseum

(3) ボールを買う　　　＿＿＿＿＿＿＿＿ a ball

(4) 中国をおとずれる　＿＿＿＿＿＿＿＿ China

> buy　go　see　visit

2 絵に合う動作を表す単語になるように，☐からアルファベットを選んで＿＿に書きましょう。(60点) 1つ20

(1) e＿＿t

(2) b＿＿ ＿＿

(3) d＿＿ ＿＿n＿＿

> i k
> u r
> a y

答えは75ページ ☞

Where do you want to go?
（あなたはどこに行きたいですか。）

1 日本文に合う英文になるように，＿＿に単語を１つず
つ書きましょう。（40点）1つ20

（1）あなたはどこに行きたいですか。

＿＿＿＿＿＿＿ do you ＿＿＿＿＿＿＿ to go?

（2）わたしはオーストラリアに行きたいです。

I ＿＿＿＿＿＿＿ ＿＿＿＿＿＿＿ go to Australia.

2 ２人の会話が成り立つように，＿＿に単語を１つずつ
書きましょう。（60点）1つ20

トム

（1）ぼくはドイツに行きたいな。

I ＿＿＿＿＿＿＿ ＿＿＿＿＿＿＿ go to Germany.

（2）メグ，きみはどこに行きたい？

＿＿＿＿＿＿＿ do you ＿＿＿＿＿＿＿

＿＿＿＿＿＿＿ go, Meg?

（3）わたしは日本に行きたいわ。

I ＿＿＿＿＿＿＿ ＿＿＿＿＿＿＿ go to Japan.

メグ

答えは75ページ

I want to buy a pen.
（わたしはペンを買いたいです。）

1 日本文に合う英文になるように，＿＿＿に単語を１つずつ書きましょう。（40点）1つ20

(1) わたしはぶどうが食べたいです。

I ＿＿＿＿＿＿＿ ＿＿＿＿＿＿＿ ＿＿＿＿＿＿＿ grapes.

(2) わたしは京都をおとずれたいです。

I ＿＿＿＿＿＿＿ ＿＿＿＿＿＿＿ ＿＿＿＿＿＿＿ Kyoto.

2 次の質問にサラはどのように答えるでしょうか。＿＿＿に単語を１つずつ書きましょう。（60点）1つ30

| サラ | 行きたい国：中国 |
| | 理由：パンダを見たい |

(1) Where do you want to go?

I ＿＿＿＿＿＿＿ ＿＿＿＿＿＿＿ go
to ＿＿＿＿＿＿ .

(2) Why?

I ＿＿＿＿＿＿＿ ＿＿＿＿＿＿＿
＿＿＿＿＿＿＿ pandas.

答えは75ページ ☞

ブラッシュアップ！ ③

1 日本文に合う英文になるように， ＿＿＿ に単語を１つずつ書きましょう。（60点）1つ20

(1) あなたはじょうずにスキーをすることができますか。

＿＿＿＿＿＿＿＿ you ＿＿＿＿＿＿＿＿ well?

(2) わたしは新しい自転車を買いたいです。

I ＿＿＿＿＿＿＿ to ＿＿＿＿＿＿＿ a new bicycle.

(3) あなたはどこに行きたいですか。

＿＿＿＿＿＿＿＿ do you ＿＿＿＿＿＿＿ to go?

2 次の質問に対して答える文になるように， ＿＿＿ に単語を１つずつ書きましょう。（40点）1つ20

(1) Can she swim?

No, ＿＿＿＿＿＿＿ ＿＿＿＿＿＿＿ .

(2) Where do you want to go?

I ＿＿＿＿＿＿＿ ＿＿＿＿＿＿＿ go to Canada.

チャレンジテスト ④

1 次の（　）に入れるのに最も適切なものの番号を１つ選びましょう。（60点）1つ20

(1) A: Where do you want to go?

B: I want to go to (　　).

1 English　2 Brazil　3 July　4 tennis

(2) A: You want to go to Italy. Why?

B: I want to (　　) Colosseum.

1 jump　2 eat　3 visit　4 drink

(3) A: Can you swim fast?

B: Yes, I (　　).

1 am　2 do　3 can　4 can't

2 次の日本文の意味を表すように語句をならべかえたとき，１番目と３番目にくるものの最も適切な組み合わせの番号を１つ選びましょう。（40点）1つ20

(1) あなたはじょうずに一輪車に乗ることができます。

You (① ride　② can　③ well　④ a unicycle).

1 ②-④　2 ④-②　3 ②-③　4 ④-①

(2) わたしはスパゲッティが食べたいです。

I (① to　② spaghetti　③ want　④ eat).

1 ③-①　2 ②-①　3 ③-④　4 ④-②

単　語　⑰（建物）

1 絵に合う建物の名前を表す語句を線で結びましょう。

（40点）1つ10

(1)  ・ 　　　　　　　・ post office

(2)  ・ 　　　　　　　・ police station

(3)  ・ 　　　　　　　・ fire station

(4)  ・ 　　　　　　　・ gas station

2 建物を表す単語になるように、□□□からアルファベットを選んで＿＿に書きましょう。（60点）1つ20

(1)  s＿＿＿atio＿＿＿

(2) r＿＿＿stau＿＿＿ant

e　n
k　t　s
r　m

(3)  ＿＿＿uper＿＿＿ar＿＿＿et

答えは76ページ ☞

Where is your bag?
（あなたのカバンはどこにありますか。）

1 絵を見て，次の質問（しつもん）に答える英文になるように， から単語を選んで＿＿に書きましょう。(40点) 1つ10

| by |
| in |
| on |
| under |

(1) Where is the bag?　― It's ＿＿＿＿＿＿ the bed.

(2) Where is the box?　― It's ＿＿＿＿＿＿ the desk.

(3) Where is the pen?　― It's ＿＿＿＿＿＿ the desk.

(4) Where is the cat?　― It's ＿＿＿＿＿＿ the box.

2 日本文に合う英文になるように， ＿＿に単語を１つずつ書きましょう。(60点) 1つ30

(1) あなたのぼうしはどこにありますか。

＿＿＿＿＿＿ ＿＿＿＿＿＿ your cap?

(2) それはわたしのカバンの中にあります。

＿＿＿＿＿＿ ＿＿＿＿＿＿ my bag.

It'sはIt isを短くした形（短しゅく形）だよ。

49

答えは76ページ

Where is the station?
（駅はどこにありますか。）

1 道案内をするときの表現になるように，□□から単語を選んで＿＿に書きましょう。（40点）1つ20

（1） 2ブロックまっすぐに行きなさい。

＿＿＿＿＿＿＿ ＿＿＿＿＿＿＿ for two blocks.

（2） 3つ目の角で右に曲がりなさい。

＿＿＿＿＿＿＿ ＿＿＿＿＿＿＿ at the third corner.

> straight　right　Turn　Go

2 下の地図を見て，★から公園までの行き方を説明する文になるように，＿＿に単語を1つずつ書きましょう。

（60点）1つ30

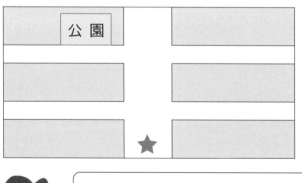

Where is the park?

（1） ＿＿＿＿＿＿＿ ＿＿＿＿＿＿＿ and
（2） ＿＿＿＿＿＿＿ ＿＿＿＿＿＿＿ at the
second corner.

答えは77ページ ☞

You can see it on your right.
（あなたはそれを右側に見ることができます。）

月　　日
得点

点／合格80点

1 次の英文は，地図上の★からどの場所への行き方を説明しているのか，記号で答えましょう。（40点） 1つ20

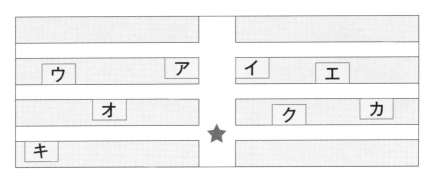

(1) Go straight for two blocks. You can see it on your left.

[　　]

(2) Turn right at the first corner and go straight.
You can see it on your left.　　　　　　　　[　　]

2 日本文に合う英文になるように，＿＿に単語を１つずつ書きましょう。（60点） 1つ30

(1) 書店はどこにありますか。

＿＿＿＿＿＿＿＿ ＿＿＿＿＿＿＿＿ the bookstore?

(2) あなたはそれを右側に見ることができます。

You can see it ＿＿＿＿＿＿＿＿ your ＿＿＿＿＿＿＿＿.

答えは77ページ ☞

単　語　⑱　（飲食物）

月　　　日

得点

点／合格 80点

1 次の絵に合う単語を，下のアルファベットの中から見つけて◯で囲みましょう。(40点) 1つ10

N	H	R	E	M	O	I	S
S	A	N	D	W	M	C	H
K	C	O	B	R	E	A	D
Y	Z	A	L	N	L	P	Y
B	F	I	K	V	E	J	K
S	O	K	A	E	T	S	I
P	J	S	A	L	A	D	P

たて，よこ，ななめ
もあるよ！

2 （　）のアルファベットをならべかえて，絵に合う単語を＿＿に書きましょう。(60点) 1つ20

(1) 　　（etksa）

＿＿＿＿＿＿＿＿＿＿＿＿＿＿＿

(2) 　　（tpsgaiteh）

＿＿＿＿＿＿＿＿＿＿＿＿＿＿＿

(3) 　　（bumerarhg）

＿＿＿＿＿＿＿＿＿＿＿＿＿＿＿

答えは77ページ

単　語　⑲（家族）

1 下の図はトムの家族を表しています。トムはそれぞれ
の人を何とよびますか。 □□□ から選んで［　］に記号
を書きましょう。(60点) 1つ10

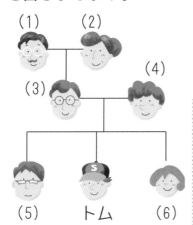

(1) [　　] (2) [　　]
(3) [　　] (4) [　　]
(5) [　　] (6) [　　]

ア	mother	イ	father
ウ	sister	エ	brother
オ	grandfather		
カ	grandmother		

(1) (2)
(3)
(4)
(5) トム (6)

2 （　）のアルファベットをならべかえて，家族を表す単
語を＿＿に書きましょう。(40点) 1つ20

(1) お姉さん （ietrss）

＿＿＿＿＿＿＿＿＿＿＿＿＿

(2) お父さん （ehtfra）

＿＿＿＿＿＿＿＿＿＿＿＿＿

呼びかけるときは，fatherはdad，
motherはmomということが多いよ。

1 次の数字を表す語句を線で結びましょう。(40点) 1つ10

(1)　　　　(2)　　　　(3)　　　　(4)

70　　　**80**　　　**90**　　　**100**

one hundred　　eighty　　seventy　　ninety

2 3人のテストの点数をそれぞれのテスト用紙の[　]に数字で書きましょう。(60点) 1つ20

(1) メグ

My score is eighty-five.

[　　　]
100÷2=50
55÷5=10

scoreは「点数」という意味だよ。それぞれ何点取れたかな？

(2) トム

My score is one hundred.

[　　　]
100÷2=50
55÷5=11

(3) ケン

My score is seventy-three.

[　　　]
100÷2=50
36÷4=18

答えは78ページ ☞

1 日本文に合う英文になるように，[ ]から単語を選んで＿＿に書きましょう。（40点）1つ20

（1）あなたは何がほしいですか。

＿＿＿＿＿＿＿＿＿ ＿＿＿＿＿＿＿＿＿ you like?

（2）わたしはハンバーガーがほしいです。

＿＿＿＿＿＿＿＿＿ ＿＿＿＿＿＿＿＿＿ a hamburger.

> would　I'd　like　What

2 レストランでの会話になるように，＿＿に単語を1つずつ書きましょう。（60点）1つ20

（1）何にいたしましょう。
What ＿＿＿＿＿＿＿ you ＿＿＿＿＿＿＿?

（2）ビーフステーキがほしいです。
I'd ＿＿＿＿＿＿＿ beef ＿＿＿＿＿＿＿.

（3）スパゲッティがほしいです。
＿＿＿＿＿＿＿ like ＿＿＿＿＿＿＿.

1 日本文に合う英文になるように, ▢ から単語を選んで___に書きましょう。(60点) 1つ20

(1) 何にいたしましょう。

_____ would you like?

I'd like beef steak.

(2) いくらですか。

How _____?

It's
What
much

(3) 1,900円です。

_____ 1,900 yen.

2 日本文に合う英文になるように, ___に単語を1つずつ書きましょう。(40点) 1つ20

(1) これはあなたに。

_____ _____ for you.

(2) ありがとう。

_____ _____ .

答えは78ページ ☞

単　語 ㉑（状態❷）

1 日本語に合う単語を，◻︎◻︎から選んで＿＿に１つずつ
書きましょう。（40点）1つ10

(1) おもしろい　　＿＿＿＿＿＿＿＿＿

(2) 強い　　　　　＿＿＿＿＿＿＿＿＿

(3) すばらしい　　＿＿＿＿＿＿＿＿＿

(4) 友好的な　　　＿＿＿＿＿＿＿＿＿

> strong　friendly　fantastic　funny

2 日本語に合う単語になるように，◻︎◻︎からアルファベ
ットを選んで＿＿に書きましょう。（60点）1つ20

(1) 親切な　　　k ＿＿ n ＿＿

(2) 勇かんな　　b ＿＿ a ＿＿ e

(3) やさしい　　＿＿ en ＿＿ le

> v　d　g　r　i　t

状態を表す単語
は，人や物を説
明するときに使
えるね。

答えは78ページ ☞

He is good at riding a unicycle.
（かれは一輪車に乗るのが得意です。）

月　　日

得点

点／合格 **80**点

---

1 日本文に合う英文になるように，□から単語を選んで＿に書きましょう。（40点）1つ20

(1) かの女は泳ぐのが得意です。

She is ＿＿＿＿＿＿ at ＿＿＿＿＿＿.

(2) かれは歌うのが得意です。

He is good ＿＿＿＿＿＿ ＿＿＿＿＿＿.

singing　swimming　at　good

---

2 (1)と(2)の文がほぼ同じ意味になるように，□から単語を選んで＿に書きましょう。（40点）1つ20

(1) He is good at ＿＿＿＿＿＿ soccer.

(2) He is a good soccer ＿＿＿＿＿＿.

(2)「良いサッカー選手」という意味の文にするよ。

player　playing

---

3 日本文に合う英文になるように，＿に単語を1つずつ書きましょう。（20点）1つ20

かれはしょうぎをさすのが得意です。

He is ＿＿＿＿＿＿ at ＿＿＿＿＿＿ *shogi*.

答えは78ページ ☞

Can he ski?
（かれはスキーをすることができますか。）

月　日
得点

点／合格80点

---

1 日本文に合う英文になるように，＿＿に単語を１つずつ書きましょう。(60点) 1つ20

(1) かの女はギターをひくことができますか。

＿＿＿＿＿＿ she ＿＿＿＿＿＿ the guitar?

(2) ((1)に答えて) はい，できます。

Yes, ＿＿＿＿＿＿ ＿＿＿＿＿＿.

(3) かれはスパゲッティを作ることができます。

He ＿＿＿＿＿＿ ＿＿＿＿＿＿ spaghetti.

---

2 （　）内の日本文に合う英文になるように，□から単語を選んで＿＿に１つずつ書きましょう。(40点) 1つ20

(1) Yui's brother is good at cooking.

＿＿＿＿＿＿ is ＿＿＿＿＿＿.

（かれはかっこいいです。）

(2) Yui's sister is good at running fast.

＿＿＿＿＿＿ is ＿＿＿＿＿＿.

（かの女は活発です。）

> He　She　active　cool

答えは79ページ ☞

1 次の質問に対する答えの文を，下の◯◯から選んで
[　]に記号を書きましょう。(40点) 1つ10

(1) Where is the park?　　　　　　　　　　　[　　]

(2) Where is your ruler?　　　　　　　　　　[　　]

(3) How much?　　　　　　　　　　　　　　[　　]

(4) What would you like?　　　　　　　　　[　　]

> ア　I'd like a hamburger.
> イ　It's 1,700 yen.
> ウ　It's in my pencil case.
> エ　Turn right at the first corner.

2 日本文に合う英文になるように，＿＿に単語を1つず
つ書きましょう。(60点) 1つ20

(1) 2ブロックまっすぐに行きなさい。

＿＿＿＿＿＿ ＿＿＿＿＿＿ for two blocks.

(2) これはあなたに。

＿＿＿＿＿＿ ＿＿＿＿＿＿ for you.

(3) かれはじょうずにしょうぎをさすことができますか。

＿＿＿＿＿＿ ＿＿＿＿＿＿ play *shogi* well?

答えは79ページ☞

1 次の（　）に入れるのに最も適切なものの番号を１つ選びましょう。(60点) 1つ20

(1) A: What would you like?

　　B: I'd like (　　　).

　　　1 tough　2 doctor　3 pizza　4 red

(2) A: (　　　) is the recorder?

　　B: It's on the bed.

　　　1 How　2 Where　3 What　4 When

(3) A: Can she cook curry and rice?

　　B: No, she (　　　).

　　　1 is　2 isn't　3 can　4 can't

2 次の日本文の意味を表すように語句をならべかえたとき，１番目と３番目にくるものの最も適切な組み合わせの番号を１つ選びましょう。ただし，文のはじめにくる語も小文字で書いています。(40点) 1つ20

(1) ２つ目の角で左に曲がりなさい。

　　(① the second　② left　③ at　④ turn) corner.

　　　1 ③-②　2 ①-③　3 ②-④　4 ④-③

(2) かれは料理が得意です。

　　He (① good　② cooking　③ is　④ at).

　　　1 ②-①　2 ③-④　3 ③-①　4 ④-②

まとめテスト ②

1 日本文に合う英文になるように，＿＿に単語を１つずつ書きましょう。(40点) 1つ 20

(1) わたしはじょうずにスケートをすることができません。

I ＿＿＿＿＿＿＿＿ ＿＿＿＿＿＿＿＿ well.

(2) 最初の角で右に曲がりなさい。

＿＿＿＿＿＿＿＿ ＿＿＿＿＿＿＿＿ at the first corner.

2 トオルの自こしょうかい文を読んで，（　）に適切な日本語を書いて自こしょうかいカードを完成させましょう。(60点) 1つ 20

My name is Toru. I am good at playing badminton. I want to go to Canada. I want to visit beautiful parks.

名前：トオル
特技 (とくぎ)：(1)（　　　　　　　　　　）
行きたい国：(2)（　　　　　　　　　）
したいこと：(3)（　　　　　　　　　）

答えは79ページ ☞

チャレンジテスト ⑥

1 次の（　）に入れるのに最も適切なものの番号を１つ選びましょう。(60点) 1つ20

(1) A: (　　　) would you like?

　　B: I'd like beef steak.

　　1 Where　2 When　3 What　4 How

(2) A: Can you jump high?

　　B: Yes, (　　) can.

　　1 I　2 you　3 she　4 he

(3) A: Where is the post office?

　　B: Go straight. You can see it (　　) your left.

　　1 at　2 in　3 on　4 by

2 次の日本文の意味を表すように単語をならべかえたとき，１番目と３番目にくるものの最も適切な組み合わせの番号を１つ選びましょう。(40点) 1つ20

(1) わたしは速く泳ぐことができません。

　　(① can't　② fast　③ I　④ swim).

　　1 ③-②　2 ①-③　3 ①-②　4 ③-④

(2) かの女は良いテニス選手です。

　　She is (① tennis　② good　③ a　④ player).

　　1 ④-③　2 ③-②　3 ③-①　4 ②-④

答えは80ページ ☞

1 次の（　）に入れるのに最も適切なものの番号を1つ選びましょう。(60点) 1つ20

(1) A: What time do you go to school?

B: I go to school (　　) seven thirty.

　1 in　2 on　3 at　4 under

(2) A: What (　　) do you like?

B: I like badminton.

　1 food　2 color　3 sport　4 animal

(3) A: (　　) you play the guitar?

B: Yes, I can.

　1 When　2 Do　3 Are　4 Can

2 次の日本文の意味を表すように語句をならべかえたとき，1番目と3番目にくるものの最も適切な組み合わせの番号を1つ選びましょう。ただし，文のはじめにくる語も小文字で書いています。(40点) 1つ20

(1) あなたはサッカーが好きですか。

（① you　② soccer　③ do　④ like）？

　1 ③-①　2 ③-④　3 ①-④　4 ②-③

(2) 3ブロックまっすぐに行きなさい。

（① three blocks　② straight　③ for　④ go）．

　1 ③-②　2 ④-②　3 ①-②　4 ④-③

答えは80ページ

① アルファベットの練習 ① 1ページ（大文字）

1 (1) C (2) E

(3) G (4) I

(5) M (6) N

(7) Q (8) S

(9) W (10) Z

2 R S J N L

≫考え方 1 アルファベットの順番がわからなくなったら，A から順番に声に出してみましょう。なお，大文字は，A, B, C, D, E, F, G, H, I, J, K, L, M, N, O, P, Q, R, S, T, U, V, W, X, Y, Z と表します。

2 左から，1, 4, 7, 9, 13 番目がまちがいです。アルファベットを書くときは，向きが逆にならないように注意しましょう。

② アルファベットの練習 ② 2ページ（大文字）

1 (1) E , F

(2) L , N

(3) R , T

(4) U , W

2 (1) DEFGHI

(2) KLMNOP

(3) TUVWXY

≫考え方 1 大文字は全て，4 線の上 3 線の中に書きます。

2 まず，一番はじめにくるアルファベットをさがしましょう。

③ アルファベットの練習 ③ 3ページ（小文字）

1

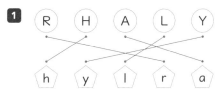

R H A L Y

h y l r a

2 (1) b (2) d (3) p

(4) q (5) i

≫考え方 1 R, H, A, L は大文字と小文字の形が全くちがうので注意しましょう。

2 b と d，p と q をしっかり区別しましょう。なお，小文字は，a, b, c, d, e, f, g, h, i, j, k, l, m, n, o, p, q, r, s, t, u, v, w, x, y, z と表します。

④ アルファベットの練習 ④ 4ページ（小文字）

1 (1) f , h

(2) j , m

(3) s , u

(4) x , y

2 (1) dog

(2) pencil

(3) racket

≫考え方 **1** f, h は，４線の上３線の中，y
は下３線の中，m, s, u, x は真ん中２線
の中に書きます。j は４線全ての中に書き
ます。
2 大文字と小文字のちがいに注意して書
きます。(1) は「イヌ」という意味の単語
で［ド（ー）グ］と読みます。(2) は「え
んぴつ」という意味の単語で［ペンスる］
と読みます。(3) は「ラケット」という意
味の単語で［ラぁケット］と読みます。

⑤ 単　語 ① (色)　　　　5ページ

1 (1) (r)ed

(2) (b)lu(e)

(3) (w)hi(te)

2 (1) green

(2) orange

≫考え方 **1**「赤」は red,「青」は blue,「白」
は white です。
2「黄色」は yellow,「緑」は green,「オ
レンジ色」は orange です。

⑥ 単　語 ② (食べ物)　　　　6ページ

1 (1) c　(2) e　(3) m

(4) o

2 (1) (e)gg

(2) (or)ange

(3) (on)ion

≫考え方 **1**「ニンジン」は carrot,「トマト」
は tomato,「サクランボ」は cherry です。
2「たまご」は egg,「オレンジ」は orange,
「玉ねぎ」は onion です。

⑦ 単　語 ③ (動物)　　　　7ページ

1 ●= e　▲= t

2 (1) bear

(2) rabbit

(3) monkey

≫考え方 **1** horse「ウマ」→ elephant「ゾ
ウ」→ tiger「トラ」となります。
2 ならべかえたあとに，（　）内のアルフ
ァベットを全て使ったか確認しましょう。
「クマ」は bear,「ウサギ」は rabbit,「サ
ル」は monkey です。

⑧ 単　語 ④ (スポーツ)　　　　8ページ

1

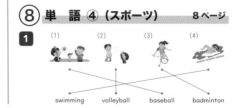

(1)　　(2)　　(3)　　(4)

swimming　volleyball　baseball　badminton

2 (1) tennis

(2) soccer

(3) basketball

≫考え方 **1**「野球」は baseball,「バレーボール」は volleyball,「バドミントン」は badminton,「水泳」は swimming です。
2 tennis, soccer はそれぞれ nn, cc と重なるので注意しましょう。tennis「テニス」, soccer「サッカー」, basketball「バスケットボール」という意味です。

⑨ **I'm Yuna.** 　　　　　　**9ページ**
　（わたしはユウナです。）

1 (1) I'm　(2) name

(3) like　(4) don't

2 (1) like tennis

(2) don't like soccer

≫考え方 **1** (1) 日本語のどの部分の単語が必要かを考えましょう。I'm は I am を短くした形（＝短しゅく形）です。
(4)「〜ではありません」と言うときは don't を使います。like(動詞)の前に don't を置きます。なお，don't は do not の短しゅく形なので，do not like pink としてもよいです。

⑩ **What color do you like?** **10ページ**
　（あなたは何色が好きですか。）

1 (1) color

(2) animal

(3) sport

2 (1) What, like

(2) I like

≫考え方 **1** ＿＿＿の単語はそれぞれ color「色」, animal「動物」, sport「スポーツ」という意味です。
2 文の最初の文字は大文字で書きます。ただし，I はいつでも大文字です。なお，What は「何，何の」という意味で，具体的なものやことをたずねたいときに使います。

⑪ **I want a pencil.** 　　**11ページ**
　（わたしはえんぴつがほしいです。）

1 (1) ウ　　(2) ア　　(3) エ
(4) イ

2 (1) I want

(2) I like

(3) I want

≫考え方 **1**「ほしい」は want,「好き」は like で表します。
2 主語が全て「わたし」なので，I で文を始めます。I はいつも大文字なので注意しましょう。なお，a はうしろにくることばで，意味がかわります。an apple で，「1つのリンゴ」, a cat で「1ぴきのネコ」, a teacher で「1人の先生」となります。

⑫ 単　語 ⑤ (月)　12ページ

1 　(1) February

(2) March

(3) May　(4) June

(5) July

(6) September

(7) October

(8) November

2 　(1) August , 8 (月)

(2) December , 12 (月)

≫考え方 **1** January「1月」と February「2月」，March「3月」と May「5月」，June「6月」と July「7月」，September「9月」と October「10月」と November「11月」と December「12月」をそれぞれしっかり区別しましょう。

2 月の単語の最初の文字は大文字なので，(1) は A，(2) は D ではじまる月だとわかります。

⑬ 単　語 ⑥ (季節・序数)　13ページ

1 　(1) 春　(2) 夏　(3) 秋　(4) 冬

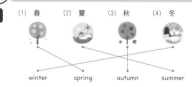

winter　spring　autumn　summer

2 　(1) first　(2) third

(3) twentieth

≫考え方 **1** 「秋」は autumn 以外に fall で表すこともできます。

2 日にちは「～番目の」という意味を持つ序数を使って表します。なお，序数は，first, second, third, fourth, fifth, sixth, seventh, eighth, ninth, tenth …となります。不規則なつづりもありますが，数字に th をつけて表すものも多いです。つづりを覚えるときは，数字とのちがいに注意しましょう。また，アラビア数字を使い，1st, 2nd, 3rd, 4th, 5th …というように表すこともできます。

⑭ 単　語 ⑦ (日本の行事と月)　14ページ

1

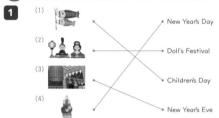

(1)　　　　　　　　　　New Year's Day

(2)　　　　　　　　　　Doll's Festival

(3)　　　　　　　　　　Children's Day

(4)　　　　　　　　　　New Year's Eve

2 　(1) January

(2) June

(3) December

≫考え方 **1** New Year's Day「元日」，Doll's Festival「ひな祭り」，Children's Day「こどもの日」，New Year's Eve「大みそ日」という意味です。New Year's Day と New Year's Eve の意味のちがいに注意しましょう。Eve は「前夜，前日」という意味です。

2 月は，January, February, March, April, May, June, July, August, September, October, November, December の順で，つづりもいっしょに覚えておきましょう。

⑮ いろいろな表現 ① 15ページ

1 (1) ウ　(2) ア　(3) エ
(4) イ

2 (1) Here

(2) Thank

(3) welcome

≫考え方 1 2 プレゼントをわたすときなどに使える会話表現です。Thank you.「ありがとう。」と You're welcome.「どういたしまして。」はよく使う表現です。他にHappy birthday.「たん生日おめでとう。」という表現も覚えておきましょう。

⑯ When is your birthday? 16ページ
（あなたのたん生日はいつですか。）

1 (1) イ　(2) エ　(3) ア
(4) ウ

2 (1) When, your

(2) My, is

≫考え方 1「いつ」とたずねるときは，When で文を始めます。「あなたはどうですか。」と相手にたずねるときは，How about you? と言います。
2「あなたの」は your，「わたしの」は my で表します。文の最初は大文字で始めるので注意しましょう。

⑰ Do you like tennis? 17ページ
（あなたはテニスが好きですか。）

1 (1) Do, like

(2) I like

(3) don't like

2 (1) Yes, do

(2) No, don't

≫考え方 1「好き」は like で表します。「～が好きですか」とたずねるときは，Do で文を始めます。「好きではありません」と言うときは，like の前に don't を置きます。一般的な好みを言うとき，like のあとにくる「数えられる名詞」は複数形（名詞に s や es がついた形）にします。
2 質問の Do you like baseball? は「あなたは野球が好きですか。」という意味です。「好き」な場合は Yes，「好きではない」場合は No を使って答えます。

⑱ Do you want a pen? 18ページ
（あなたはペンがほしいですか。）

1 (1) Do you

(2) What do

(3) I want

2 (1) What, want

(2) I want

≫考え方 1「ほしい」は want で表します。Do you want a pen? というように単語と単語の間は，少しあけて書きます。
2 (1) は「何が」と「ほしい」の部分を，(2) は「わたしは新しい自転車がほしいです。」という文なので，「わたしは」と「ほしい」の部分を英語で何と言うかを考えます。なお，new は「新しい」という意味の単語です。

⑲ ブラッシュアップ！① 19ページ

1 (1) am (2) want

(3) When is

2 (1) Do you like

(2) I don't like tennis.

》》考え方 1 「わたしは～です。」はI am ～. で表します。なお，a は，あとに続く単語の発音が子音ではじまるもの(cat など)の前に使います。an は，あとに続く単語の発音が母音(日本語のア，イ，ウ，エ，オのような音)ではじまるものの前に使います。
2 「あなたは～が好きですか。」とたずねるときは Do you like ～?，「わたしは～が好きではありません。」と言うときは I don't like ～. で表します。文の最後にはピリオド(.)を付けます。

⑳ チャレンジテスト① 20ページ

1 (1) 4 (2) 2 (3) 3
2 (1) 1 (2) 3

》》考え方 1 (1)A:「あなたは何の食べ物がほしいですか。」B:「わたしはピザがほしいです。」という意味です。A の発言のWhat のあとの food「食べ物」という語に注目します。soccer「サッカー」，white「白色」，tennis「テニス」，pizza「ピザ」という意味です。(2)A:「あなたは何色が好きですか。」B:「わたしは赤が好きです。」という意味です。B の答えの red「赤」という語に注目します。animal「動物」，color「色」，sport「スポーツ」，dog「イヌ」という意味です。(3)A:「あなたは青色が

好きですか。」B:「はい，好きです。」という意味です。
2 「何が」や「いつ」などを表す語は文の最初に置きます。(1)What do you want(?)，(2)When is your birthday(?) という文になります。

㉑ 単 語 ⑧ (教科) 21ページ

1 国語…エ，理科…ア，音楽…イ，体育…オ，社会…ウ，図工…カ
2 (1) (m)ath (2) (E)nglish

》》考え方 1 2 言語に関する教科の「英語」「国語」などは最初の文字を大文字で書きます。P.E.「体育」は physical education を省略した形です。

㉒ 単 語 ⑨ (職業) 22ページ

1
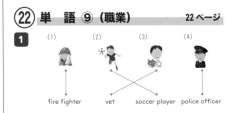

fire fighter　vet　soccer player　police officer

2 (1) teacher (2) florist
(3) doctor

》》考え方 1 fire fighter「消防士」，vet「じゅう医」，soccer player「サッカー選手」，police officer「けい察官」という意味です。vet は veterinarian を短しゅくした語です。また，animal doctor と表すこともできます。
2 teacher「先生」，florist「花屋さん」，doctor「医者」という意味です。

70

㉓ Do you have music on Monday? 23ページ
（あなたは月曜日に音楽がありますか。）

1 (1) science, Wednesday
(2) Japanese, Thursday

2 (1) Yes, do
(2) No, don't

≫考え方 **1** それぞれ「理科」「水曜日」,「国語」「木曜日」を表す単語を選びます。
2 Do you 〜? の質問には, Yes, I do.「はい, そうです。」または No, I don't.「いいえ, ちがいます。」を使って答えます。(1)は「あなたは月曜日に体育がありますか。」という質問。時間わり表を見ると, 月曜日に体育があるので, Yes を使って答えます。(2) は「あなたは火曜日に家庭科がありますか。」という質問。火曜日に家庭科はないので, No を使って答えます。

㉔ What do you have on Monday? 24ページ
（あなたは月曜日に何がありますか。）

1 (1) What do
(2) have English
(3) study math

2 (1) What, study
(2) study Japanese

≫考え方 **2**(1)「あなたは何を〜しますか。」と質問するときは What do you 〜? で表します。What の w を大文字にするのをわすれないようにしましょう。

㉕ I want to be a teacher. 25ページ
（わたしは先生になりたいです。）

1 (1) want, florist
(2) be, vet

2 (1) Do you want to
(2) I want to

≫考え方 **1**「〜になりたい」は want to be 〜で表します。florist は「花屋さん」, vet は「じゅう医」という意味です。
2(2)「〜を勉強したい」は want to study 〜で表します。日本文の意味から, 英語の文を考えて書きましょう。

㉖ 単 語 ⑩ （ひん度） 26ページ

1 いつも…ウ, ふつう…ア,
ときどき…エ, 決して(し)ない…イ

2 (1) always (2) usually
(3) never

≫考え方 **1** **2** ひん度の高いものから低いものの順番に,「いつも」always →「ふつう」usually →「ときどき」sometimes →「決して(し)ない」never となります。

㉗ いろいろな表現 ② 27ページ

1 (1) エ (2) イ
(3) ア (4) ウ

2 (1) clean the room
(2) wash the dishes
(3) walk the dog

≫考え方 **1** ア clean the room「部屋をそうじする」, イ wash the dishes「お皿をあらう」, ウ set the table「食事の準備をする」, エ get the newspaper「新聞を取って来る」という意味です。
2 それぞれの絵の状きょうを見て,「何をする必要があるか」を考えます。(1) は部屋がちらかっているので, きれいにすると考えます。(2) はシンクにお皿がたまっているので, お皿をあらうと考えます。(3) はイヌが待っている様子なので, 散歩に行くと考えます。

㉘ What time is it? 28ページ
（何時ですか。）

1 (1) eight thirty

(2) eleven fifteen

(3) six fifty

2 (1) What time

(2) It's nine

》》考え方 1 英語で時こくを表すときは〈時＋分〉の順番にします。日本語と同じです。**2** 時こくをたずねるときは，What time を使います。時こくを答えるときは，It's のあとに時こくを言います。

㉙ What time do you get up? 29ページ
（あなたは何時に起きますか。）

1 (1) get up   (2) go home

(3) take a bath

2 (1) What time

(2) up at

》》考え方 1 go home は「家に帰る」，get up は「起きる」，take a bath は「お風呂に入る」という意味です。**2** (2) 文中に get があるので，「起きる」を get up で表します。「〜時に」は時こくを表す数字の前に at を置きます。

㉚ I always walk the dog. 30ページ
（わたしはいつもイヌの散歩をします。）

1 (1) always get

(2) usually set

(3) sometimes wash

2 (1) always walk

(2) sometimes clean

》》考え方 1 usually は「ふつう」，sometimes は「ときどき」，always は「いつも」，set は「準備をする」，wash は「あらう」，get は「手に入れる」という意味です。**2** (1) は the dog から「イヌの散歩」walk the dog，(2) は the room から「部屋のそうじ」clean the room とわかります。ひん度を表す always, usually, sometimes などの単語は動作を表す単語の前に置きます。なお，「毎日」＝「いつも」と考え always を使います。

㉛ ブラッシュアップ！ ② 31ページ

1 (1) What, study

(2) always clean

(3) What time

2 (1) do   (2) don't

》》考え方 1 (1)(3)「何」とたずねるときは，What で文を始めます。**2** Do you 〜？ と聞かれたら，Yes, I do. または No, I don't. で答えます。(1)「あなたは新しいペンがほしいですか。」という意味の文。(2)「あなたは医者になりたいですか。」という意味の文。

㉜ チャレンジテスト ② 32ページ

1 (1) 3   (2) 2   (3) 1

2 (1) 3   (2) 1

》》考え方 1 (1)A:「あなたは金曜日に何を勉強しますか。」B:「わたしは理科を勉強します。」という意味です。study は「勉強する」という意味なので，教科を表す単語を選びます。a teacher「(1人の) 先生」，

blue「青色」，science「理科」，a dog「（1ぴきの）イヌ」という意味です。(2) A:「何時ですか。」B:「3 時です。」という意味です。B の答えの three「3」という単語から，時こくをたずねる文だとわかります。food「食べ物」，time「時間」，animal「動物」，music「音楽」という意味です。(3) A:「あなたはけい察官になりたいですか。」B:「はい，なりたいです。」という意味です。「〜になりたい」は want to be 〜で表します。be「〜になる」，eat「食べる」，do「〜をする」，have「〜を持っている」という意味です。

2 (1)What time do you (go home?)，(2)(I) usually wash the dishes(.) という文になります。

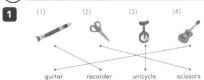

---

1 （1）want，study

　　（2）don't like

　　（3）What time

2 （1）When is

　　（2）What do，want

≫考え方 **1** (1)「〜を勉強したいです」というときには want to study 〜と表します。(2)「わたしは〜が好きではありません。」と言うときは，I don't like 〜 . で表します。(3) 時こくをたずねるときは What time で文を始めます。

2 (1)「あなたのたん生日はいつですか。」(2)「あなたはたん生日に何がほしいですか。」という意味の文を考えます。

---

1 （1）3　　（2）2　　（3）4

2 （1）2　　（2）1

≫考え方 **1** (1)What time is it? は「何 時ですか。」という意味なので，時こくを表す単語を選びます。Monday「月曜日」，July「7月」，two「2」，second「2番目（の）」という意味です。(2) A:「あなたは何の動物が好きですか。」B:「わたしはゾウが好きです。」という意味です。B の答えの elephants「ゾウ」という単語から，好きな動物をたずねる文だとわかります。sport「スポーツ」，animal「動物」，color「色」，food「食べ物」という意味です。(3) A:「あなたは火曜日に音楽がありますか。」B:「いいえ，ありません。」という意味です。Do you 〜？で聞かれたら，No の場合は I don't を使って答えます。

2 (1)(I) always get up at (six.)，(2)I don't like coffee(.) という文になります。

---

1 （1）エ　　（2）ア

　　（3）ウ　　（4）イ

2 （1）cook　　（2）swim

　　（3）skate

≫考え方 **1** ア ride a bicycle「自転車に乗る」，イ play *kendama*「けん玉をする」，ウ play the guitar「ギターをひく」，エ sing well「じょうずに歌う」という意味です。

2「料理する」は cook，「泳ぐ」は swim，「スケートをする」は skate です。

1

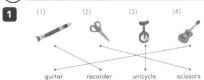

guitar　　recorder　　unicycle　　scissors

---

2 (1) p<u>i</u>ano　　(2) w<u>a</u>t<u>c</u>h

　　(3) b<u>i</u>cycle

》考え方 **1** guitar は「ギター」, recorder は「リコーダー」, unicycle は「一輪車」, scissorsは「ハサミ」という意味の単語です。
2 ●には i, ▲には a, ■には c が入ります。

㊲ Can you play the piano? 37 ページ
（あなたはピアノをひくことができますか。）

1 (1) Can, jump

　　(2) Can, ride

　　(3) Can, swim

2 (1) Yes, can

　　(2) No, can't[cannot]

》考え方 **1**「あなたは～できますか。」とたずねるときは, Can you で文を始め, あとに動作を表す単語を続けます。
2 Can you ～？「あなたは～できますか。」の質問には, Yes, I can. または No, I can't[cannot]. で答えます。(1)Can you run fast? は「あなたは速く走ることができますか。」という意味の文です。(2)Can you sing well? は「あなたはじょうずに歌うことができますか。」という意味の文です。

㊳ I can play the piano. 38 ページ
（わたしはピアノをひくことができます。）

1 (1) can ski　　(2) can play

　　(3) can cook

2 (1) He, fast

　　(2) She, well

》考え方 **1**「～することができます」と言うときは, can のあとに動作を表す単語を続けます。

㊴ (1)「かれは速く泳ぐことができます。」
(2)「かの女はじょうずに歌うことができます。」という意味の文を考えます。「かれは」は he,「かの女は」は she で表します。「速く」は fast,「じょうずに」は well で表します。

㊴ I can't play the piano. 39 ページ
（わたしはピアノをひくことができません。）

1 (1) can't[cannot] ride

　　(2) can't[cannot] do

　　(3) can't[cannot] play

2 (1) swim, sing

　　(2) skate, cook

》考え方 **1**「～することができません。」と言うときは, can't[cannot] のあとに動作を表す単語を続けます。
2 (1)「ケンは泳ぐことができます。かれはじょうずに歌うことができません。」,
(2)「メグはスケートをすることができます。かの女はじょうずに料理することができません。」という意味の文にします。

㊵ 単　語 ⑬ (国) 40 ページ

1

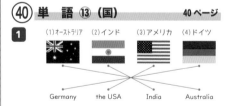

(1)オーストラリア　(2)インド　(3)アメリカ　(4)ドイツ

Germany　the USA　India　Australia

2 (1) Italy　　(2) China

　　(3) Brazil

》考え方 **1** the USA は the United States of America「アメリカ合しゅう国」の略です。
2 (1)「イタリア」は Italia ではなく, 英語では Italy です。国名は大文字で始めるので注意しましょう。

74

㉛ 単　語 ⑭ (状態❶) 41 ページ

1 (1) fun　　(2) exciting

　　(3) happy　　(4) great

2 (1) (sc)a(r)y

　　(2) (de)l(i)c(iou)s

　　(3) b(eau)t(if)u(l)

≫考え方 **1** 日本語に合う英語を選んで書きます。なお，(4)great は「すばらしい」という意味のほかに，「いだいな」という意味もあります。nice や good にも「すばらしい」という意味があります。
2 長いつづりの単語は，つづりをまちがえないように注意して書きます。

㊷ 単　語 ⑮ (動作❷) 42 ページ

1

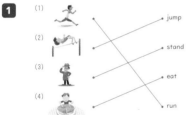

(1) ──→ jump
(2) ──→ stand
(3) ──→ eat
(4) ──→ run

2 (1) see　　(2) visit

　　(3) buy

≫考え方 **1** 「とぶ」は jump，「立つ」は stand，「食べる」は eat，「走る」は run です。
2 (2) 「おとずれる」の visit は [ヴィズィット] と読みます。

㊸ 単　語 ⑯ (動作❸) 43 ページ

1 (1) go　　(2) see

　　(3) buy　　(4) visit

2 (1) (e)a(t)

　　(2) (b)uy

　　(3) (d)ri(n)k

≫考え方 **1** go は「行く」，see は「見る」，buy は「買う」，visit は「おとずれる」という意味です。
2 「食べる」は eat，「買う」は buy，「飲む」は drink です。

㊹ Where do you want to go? 44 ページ
(あなたはどこに行きたいですか。)

1 (1) Where, want

　　(2) want to

2 (1) want to

　　(2) Where, want to

　　(3) want to

≫考え方 **1** 「どこ」は where，「～したい」は want to ～で表します。
2 日本文のどの部分が英文で空らんになっているかを見つけましょう。

㊺ I want to buy a pen. 45 ページ
(わたしはペンを買いたいです。)

1 (1) want to eat

　　(2) want to visit

2 (1) want to, China

　　(2) want to see

≫考え方 **1** 「～したい」は want to のあとに動作を表す単語を続けます。「食べる」は eat，「おとずれる」は visit です。
2 (1) Where do you want to go?「あなたはどこに行きたいですか。」という質問に，「わたしは中国に行きたいです。」と答えます。(2) Why?「なぜですか。」という質問に，「わたしはパンダを見たいです。」と答えます。

㊻ ブラッシュアップ！③　46 ページ

1　(1) Can, ski

　　(2) want, buy

　　(3) Where, want

2　(1) she can't[cannot]

　　(2) want to

≫考え方 **1** (1)「あなたは～できますか」とたずねるときは、Can you のあとに動作を表す単語を続けます。(2)「～したい」は want to のあとに動作を表す単語を続けます。「買う」は buy で表します。(3)「どこ」と場所をたずねるときは、Where で文を始めます。

2 (1) 質問は「かの女は泳ぐことができますか。」という意味です。Can she ～？と聞かれたら、Yes, she can. または No, she can't[cannot]. で答えます。(2) 質問は「あなたはどこに行きたいですか。」という意味です。答えは、「わたしはカナダに行きたいです。」という意味の文にします。

㊼ チャレンジテスト④　47 ページ

1　(1) 2　　(2) 3　　(3) 3

2　(1) 1　　(2) 3

≫考え方 **1** (1)A:「あなたはどこに行きたいですか。」B:「わたしはブラジルに行きたいです。」という意味です。Where「どこ」と場所を聞かれているので、場所を表す単語を選びます。English「英語」，Brazil「ブラジル」，July「7月」，tennis「テニス」という意味です。(2)A:「あなたはイタリアに行きたいです。なぜですか。」B:「わたしはコロセウムをおとずれたいです。」という意味です。イタリアに行きたい理由を答えます。あとに Colosseum「コロセウム」があるので、「おとずれる」visit を

選びます。jump「とぶ」，eat「食べる」，visit「おとずれる」，drink「飲む」という意味です。

(3)A:「あなたは速く泳ぐことができますか。」B:「はい、できます。」という意味です。Can you ～？で聞かれたら、Yes の場合は I can を使って答えます。

2 (1)(You) can ride a unicycle well(.)，(2)(I) want to eat spaghetti(.) という文になります。

㊽ 単 語 ⑰（建物）　48 ページ

1
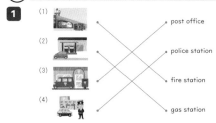

(1) ・・・・・・・・・・ post office

(2) ・・・・・・・・・・ police station

(3) ・・・・・・・・・・ fire station

(4) ・・・・・・・・・・ gas station

2　(1) (s)t(atio)n

　　(2) (r)e(stau)r(ant)

　　(3) s(uper)m(ar)k(et)

≫考え方 **1**「消防しょ」は fire station，「ガソリンスタンド」は gas station，「ゆう便局」は post office，「けい察しょ」は police station です。

2「駅」は station，「レストラン」は restaurant，「スーパーマーケット」は supermarket です。

㊾ Where is your bag?　49 ページ
（あなたのカバンはどこにありますか。）

1　(1) on　　　(2) by

　　(3) under　　(4) in

2　(1) Where is　　(2) It's in

»考え方 ❶ by は「～のそばに」, in は「～の中に」, on は「～の上に」, under は「～の下に」という意味です。
❷「～はどこにありますか」とたずねるときは, Where is ～？と言います。Where is ～？の質問(しつもん)に答えるときは, It's[It is] のあとに場所を表す語句(ごく)を続けます。

(50) Where is the station?（駅はどこにありますか。） 50ページ

❶ (1) Go straight
(2) Turn right

❷ (1) Go straight
(2) turn left

»考え方 ❶「まっすぐに行く」は go straight,「右に曲がる」は turn right です。
❷女性(じょせい)は「公園はどこにありますか。」とたずねています。それに対して「まっすぐに行って, ２つ目の角で左に曲がりなさい。」という意味の文にします。「左」は left です。

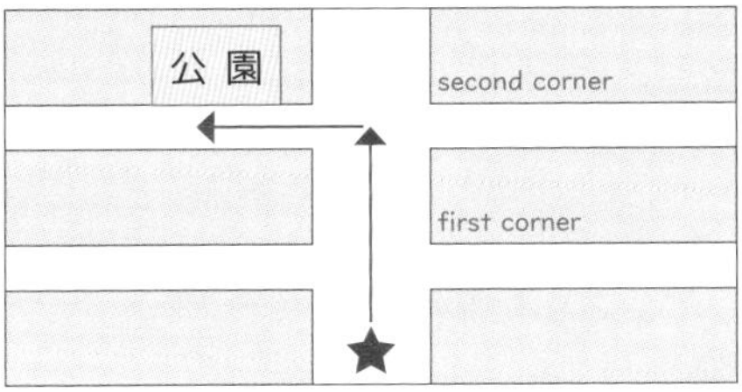

(51) You can see it on your right.（あなたはそれを右側に見ることができます。） 51ページ

❶ (1) ア (2) エ

❷ (1) Where is (2) on, right

»考え方 ❶(1)「２ブロックまっすぐに行きなさい。あなたはそれを左側に見ることができます。」, (2)「１つ目の角で右に曲がって, まっすぐに行きなさい。あなたはそれを左側に見ることができます。」という意味の文です。

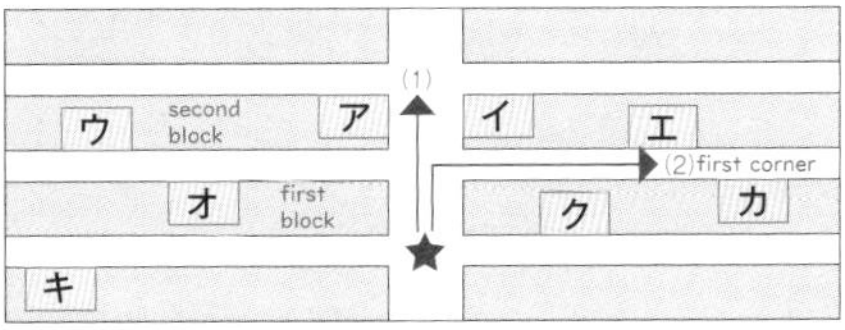

❷(2)「あなたの右[左]側に」は on your right[left] で表します。

(52) 単 語 ⑱（飲食物） 52ページ

❶

N	H	R	E	M	O	I	S
S	A	N	D	W	M	C	H
K	C	O	B	R	E	A	D
Y	Z	A	L	N	L	P	Y
B	F	I	K	V	E	J	K
S	O	K	A	E	T	S	I
P	J	S	A	L	A	D	P

❷ (1) steak (2) spaghetti
(3) hamburger

»考え方 ❶「サラダ」は salad,「ケーキ」は cake,「パン」は bread,「オムレツ」は omelet です。
❷「ステーキ」は steak,「スパゲッティ」は spaghetti,「ハンバーガー」は hamburger です。

(53) 単 語 ⑲（家族） 53ページ

❶ (1) オ (2) カ (3) イ
(4) ア (5) エ (6) ウ

❷ (1) sister (2) father

»考え方 ❶ mother は「母」, father は「父」, sister は「姉[妹]」, brother は「兄[弟]」, grandfather は「祖父(そふ)」, grandmother は「祖母(そぼ)」という意味です。
❷ sister, father のように, 家族を表す単語は最後が er で終わるものがたくさんあるので注意しましょう。

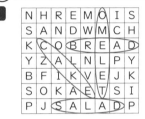

(54) 単　語 ⑳ （数）　　54ページ

1

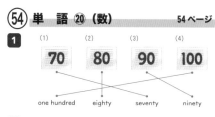

(1) **70** (2) **80** (3) **90** (4) **100**

one hundred　eighty　seventy　ninety

2 (1) 85　(2) 100　(3) 73

≫考え方 **1**「70」,「80」,「90」はそれぞれ 1 の位の数を表す英語に ty または y を付けた形になっています。

2 one hundred は「100」です。「85」は eighty-five,「73」は seventy-three のように, 10 の位と 1 の位の数字をハイフン (-) でつなぎます。

(55) What would you like?　55ページ
（あなたは何がほしいですか。）

1 (1) What would
　(2) I'd like

2 (1) would, like
　(2) like, steak
　(3) I'd, spaghetti

≫考え方 **1** **2**「あなたは何がほしいですか。」とたずねるときは, What would you like? と言い,「わたしは～がほしいです。」と答えるときは I'd like ～ . と言います。

(56) How much?　56ページ
（いくらですか。）

1 (1) What　(2) much
　(3) It's

2 (1) This is
　(2) Thank you

≫考え方 **1**「いくらですか。」とねだんをたずねるときは How much? と言い, ねだんを答えるときは It's ～ . と言います。なお, It's は It is を短くした形です。ほかに, I am を I'm, You are を You're, do not を don't にする表現を習いました。このような表現を短しゅく形と言います。

2 プレゼントをわたすときに使える表現です。Thank you.「ありがとう。」はよく使う表現なので覚えておきましょう。

(57) 単　語 ㉑ （状態 ❷）　57ページ

1 (1) funny　　(2) strong
　(3) fantastic　(4) friendly

2 (1) (k)i(n)d
　(2) (b)r(a)v(e)
　(3) g(en)t(le)

≫考え方 **1** (1) funny「おもしろい」は「笑ってしまうようなおもしろい状きょう」を表す単語です。

2「親切な」は kind,「勇かんな」は brave,「やさしい」は gentle です。

(58) He is good at riding a unicycle.　58ページ
（かれは一輪車に乗るのが得意です。）

1 (1) good, swimming
　(2) at singing

2 (1) playing　(2) player

3 good, playing

≫考え方 **1**「かれ [かの女] は～が得意です。」は He[She] is good at ～ . で表します。at のあとに動作を表す単語が続くときは, swim → swimming, sing → singing のように, 動詞の最後に ing を付ける形にします。

2(1)「かれはサッカーをするのが得意です。」という意味の文と(2)「かれは良いサッカー選手です。」という意味の文です。
3「しょうぎをさす」はplay *shogi*と表します。

(59) Can he ski?（かれはスキーをすることができますか。） 59ページ

1 (1) Can, play
(2) she can
(3) can cook[make]

2 (1) He, cool
(2) She, active

≫考え方 **1**「かれ[かの女]は～できますか。」はCan he[she] ～?,「かれ[かの女]は～できます。」はHe[She] can ～.で表します。
2(1)1文目は「ユイのお兄さん[弟さん]は料理が得意です。」という意味の文です。男性(だんせい)を表すときは，heを使います。(2)1文目は「ユイのお姉さん[妹さん]は速く走るのが得意です。」という意味の文です。女性(じょせい)を表すときはsheを使います。なお，Yui'sの～'sは「～の，～のもの」という意味です。

(60) ブラッシュアップ！ ④ 60ページ

1 (1) エ (2) ウ
(3) イ (4) ア

2 (1) Go straight (2) This is
(3) Can he

≫考え方 **1**(1)「公園はどこですか。」エ「最初の角で右に曲がりなさい。」
(2)「あなたのじょうぎはどこですか。」
ウ「わたしの筆箱の中です。」
(3)「いくらですか。」イ「1,700円です。」
(4)「あなたは何がほしいですか。」ア「わたしはハンバーガーがほしいです。」
2(1)「まっすぐに行きなさい。」はGo straight.，(2)「これはあなたに。」はThis is for you.，(3)「かれは～することができますか。」はCan heで文を始めます。

(61) チャレンジテスト ⑤ 61ページ

1 (1) 3 (2) 2 (3) 4

2 (1) 4 (2) 2

≫考え方 **1**(1)A:「何にいたしましょう。」B:「ピザがほしいです。」という意味です。What would you like?「何がほしいですか。」と聞かれているので，この中では食べ物を表す単語が適切(てきせつ)。tough「じょうぶな」, doctor「医者」, pizza「ピザ」, red「赤色」という意味です。(2)A:「リコーダーはどこにありますか。」B:「それはベッドの上です。」という意味です。Bが「ベッドの上」と場所を答えているので，場所をたずねるWhereを選びます。How「どのようにして」, Where「どこに」, What「何，何の」，When「いつ」という意味です。
(3)A:「かの女はカレーライスを料理することができますか。」B:「いいえ，できません。」という意味です。Can she ～?で聞かれたら，Noの場合はshe can'tを続けます。
2(1)Turn left at the second (corner.)，(2)(He) is good at cooking(.)という文になります。

(62) まとめテスト ② 62ページ

1 (1) can't[cannot] skate
(2) Turn right

2 (1) バドミントンをすること
(2) カナダ
(3) 美しい公園をおとずれること

>>>考え方 **1**(1)「～できません」と言うときは，can't[cannot]のあとに動作を表す語を続けます。「スケートをする」はskateです。(2)「右に曲がりなさい」はturn rightで表します。
2トオルの自こしょうかい文のやく：「ぼくの名前はトオルです。ぼくはバドミントンをすることが得意です。ぼくはカナダに行きたいです。ぼくは美しい公園をおとずれたいです。」

⑥ チャレンジテスト ⑥　　63ページ

1　(1) 3　　(2) 1　　(3) 3
2　(1) 4　　(2) 3

>>>考え方 **1**(1)A:「何にいたしましょう。」B:「ビーフステーキがほしいです。」という意味です。「何がほしいですか。」という文にするために，What「何」を選びます。Where「どこに」，When「いつ」，What「何，何の」，How「どのようにして」という意味です。(2)A:「あなたは高くとぶことができますか。」B:「はい，できます。」という意味です。Can you ～?「あなたは～できますか。」と聞かれているのでI「わたしは」を使って答えます。I「わたしは」，you「あなたは」，she「かの女は」，he「かれは」という意味です。(3)A:「ゆう便局はどこにありますか。」B:「まっすぐに行きなさい。あなたはそれを左側に見ることができます。」という意味です。「あなたの左側に」はon your leftです。byは「～のそばに」という意味です。
2(1)I can't swim fast(.)，(2)(She is) a good tennis player(.)という文になります。

⑥ チャレンジテスト ⑦　　64ページ

1　(1) 3　　(2) 3　　(3) 4
2　(1) 2　　(2) 4

>>>考え方 **1**(1)A:「あなたは何時に学校に行きますか。」B:「わたしは7時30分に学校に行きます。」という意味です。What timeではじまる文は，時こくをたずねる文です。「～時に」と答えるときは，atのあとに時こくを表す語句を続けます。in「～（の中）に」，on「～（の上）に」，at「～（時間の一点）に」，under「～の下に」という意味です。(2)A:「あなたは何のスポーツが好きですか。」B:「わたしはバドミントンが好きです。」という意味です。Bがbadminton「バドミントン」と答えているので，スポーツについてたずねたと考えます。food「食べ物」，color「色」，sport「スポーツ」，animal「動物」という意味です。(3)A:「あなたはギターをひくことができますか。」B:「はい，できます。」という意味です。Bがcanを使って答えているので，Can you play the guitar? とたずねたと考えます。Whenは「いつ」という意味です。
2(1) Do you like soccer(?)，(2)Go straight for three blocks(.) という文になります。